DARIUS-LE-MÈDE

SON EXISTENCE ET SON RÈGNE

APRÈS LA PRISE DE BABYLONE

PAR

L'Abbé MÉMAIN

Prix : 1 franc

PARIS
LIBRAIRIE HATON
35, RUE BONAPARTE
—
1908

DARIUS-LE-MÈDE

SON EXISTENCE ET SON RÈGNE

APRÈS LA PRISE DE BABYLONE

PAR

L'Abbé MÉMAIN

PARIS
LIBRAIRIE HATON
35, RUE BONAPARTE

1908

Archevêché de Sens

IMPRIMATUR

Senonis 1a Augusti 1968

† Stephanus, Arch. Senonensis.

DARIUS-LE-MÈDE

SON EXISTENCE ET SON RÈGNE

APRÈS LA PRISE DE BABYLONE

---

§ Ier

EXPOSÉ DE LA QUESTION

1. — Le Prophète Daniel nous apprend lui-même (ch. ix, 1) que la célèbre prophétie des 70 semaines lui fut révélée en l'an premier de Darius-le-Mède, qui régna dans l'empire des Chaldéens, après la prise de Babylone.

Ce prince est même mentionné plusieurs fois par le même Daniel dans ses prophéties.

Suivant les témoignages formels de la Bible (*Daniel*, ch. v, vi et ix), Darius-le-Mède reçut de Cyrus et gouverna le royaume des Chaldéens, après la prise de Babylone et le meurtre de l'impie Balthasar.

Après la mort de Darius, Cyrus, son allié, son neveu et son gendre, réunit sous son autorité la monarchie entière des Médo-perses (536 av. l'È. c.).

Pendant ce règne de deux ans (de 538 à 536), Darius choisit Daniel pour son principal ministre. Mais, prince faible et indolent, il se laissa circonvenir par les ennemis du prophète au point de le laisser jeter dans la fosse aux lions, d'où Daniel fut miraculeusement délivré à la grande satisfaction du roi qui lui rendit toute sa faveur.

Il importe donc d'élucider l'existence et le règne de ce Darius-le-Mède, pour ne pas laisser l'ombre même d'une objection aux rationalistes dans leurs attaques contre le livre inspiré de Daniel.

2. — Une des erreurs les plus graves commises dans ces derniers temps par les néocritiques consiste à nier l'existence de Darius-le-Mède, et le règne de ce prince, pendant les deux années qui suivirent la prise de Babylone par Cyrus, en l'an 538 avant l'ère chrétienne.

Suivant le *texte* même de la Bible, l'empire chaldéen fut divisé après la prise de Babylone et partagé alors entre les Mèdes, représentés par leur roi Darius, et les Perses, commandés par Cyrus, le conquérant de Babylone. Divisum est regnum et datum est Medis et Persis. (*Daniel*, ch. v, 28.) Ce partage dura seulement les deux années qui suivirent la prise de Babylone (538-536), après lesquelles Darius étant mort, son neveu, Cyrus, resta seul maître de tout l'empire médo-perse.

3. — L'historien Josèphe, qui paraît avoir été bien documenté sur cette situation, ajoute les renseignements suivants :

« Darius, à qui les Grecs donnent un autre nom (Cyaxare II), « était fils d'Astyage et avait soixante-deux ans lorsque avec « l'assistance de Cyrus, son neveu, il ruina l'empire de Baby- « lone. IL EMMENA ALORS AVEC LUI DANS LA MÉDIE LE « PROPHÈTE DANIEL, et pour faire connaître combien il « l'estimait, il l'établit l'un des trois suprêmes gouverneurs « dont le pouvoir s'étendait sur trois cent soixante autres, car « il le considérait comme un homme tout divin. » (*Antiq.*, x, 12.)

Darius-le-Mède régnait à Ecbatane et c'est à Ecbatane que le prophète Daniel eut la fameuse révélation des soixante-dix semaines, en la première année qui suivit la prise de Babylone. (*Daniel*, ch. ix.)

L'historien juif raconte ensuite le miracle de la fosse aux lions, la délivrance de Daniel, et la construction du grand palais que le même Darius fit élever à ECBATANE *dans la Médie*. Josèphe assure que ce palais existait encore de son temps et avait conservé tout son éclat. Il affirme que c'était dans ce palais que se trouvait la sépulture des rois des Mèdes, des Perses et des Parthes, et que la garde en restait confiée encore de son temps à un prêtre de la nation des juifs. (Josèphe, *Antiq.*, l. X, ch. xii.)

Le récit de Josèphe montre que l'on doit identifier le roi mède

Darius, fils d'Assuérus selon la Bible, avec le roi Cyaxare II, fils d'Astyage selon les Grecs, comme on le voit dans Xénophon (*Cyropédie*, l. Ier et seq.) et comme Josèphe lui-même le déclare.

4. — Le récit de Xénophon (*Ibid.*) atteste l'intime alliance qui existait alors entre Cyaxare II ou Darius, roi des Mèdes, et Cyrus, son allié, général de l'armée des Perses, neveu, gendre et futur successeur de Darius pour le royaume de Médie.

Josèphe s'accorde avec Xénophon pour affirmer qu'après la prise de Babylone (538 avant l'È. c.), les deux alliés continuèrent à régner simultanément, Cyrus à Babylone et Darius à Ecbatane, où ce dernier mourut deux ans plus tard (536).

Pendant ces deux années, Cyrus partagea avec Darius le gouvernement de l'empire chaldéen, quoiqu'il en fût le principal conquérant avec le secours de l'armée des Mèdes. Il porta même, suivant Xénophon (*Ibid.*, l. VIII, ch. v), sa déférence pour Darius (ou Cyaxare II) jusqu'à lui réserver un palais à Babylone, en invitant ce prince à venir l'occuper. Mais il est douteux que Darius se soit jamais rendu à cette invitation.

5. — Il y eut même alors trois rois distincts chez les Médo-perses, car l'histoire laisse supposer que Cambyse Ier, père de Cyrus et roi de la petite peuplade des Perses, continua de régner à Ansan ou Persépolis, en même temps que Darius oncle de Cyrus régnait à Ecbatane sur la grande nation des Mèdes; ce qui n'empêchait pas Cyrus, déjà proclamé roi par ses troupes après ses premières conquêtes, de régner à Babylone et de continuer le cours de ses expéditions pour assurer sa domination dans les provinces les plus éloignées.

Cyrus, parti du petit pays des Perses comme général envoyé par le roi son père, avait vu sa petite armée grossie de toutes les troupes médiques de Darius et successivement augmentée aussi par les défections des armées chaldéennes qui venaient se joindre à lui. Il avait été reconnu comme généralissime des Médo-perses dans leur guerre contre les forces réunies des Chaldéens et des Lydiens du roi Crésus. Maître de son armée et occupé de ses conquêtes, il laissa volontiers à son intime allié Darius le soin d'organiser l'administration des provinces vaincues.

C'est à Ecbatane que les Médo-perses entassèrent alors les

immenses trésors conquis à Sardes et à Babylone. C'est là, que se trouvaient encore ces trésors quinze ans plus tard, sous Cambyse, d'après le témoignage d'Hérodote (l. III, 64).

Avec cette quantité d'or, Darius-le-Mède fit, dit-on, fabriquer des pièces de monnaie appelées Dariques du nom de ce prince, et très recherchées pendant longtemps en raison de la pureté de leur métal. (Voir Suidas au mot Δαρεικός, Harpocration, Scholiaste; Aristophane ad Eccl.)

Telle est du moins l'opinion de Suidas et de plusieurs auteurs anciens, bien que, suivant d'autres, l'origine de ces pièces remonterait seulement au règne de Darius fils d'Hystaspe, environ trente ans plus tard.

6. — En présence de tous ces témoignages de la Bible, de Josèphe et de Xénophon, les meilleurs historiens modernes, les plus sérieux, tels que Rollin dans son *Histoire ancienne*, et Louis Dubeux dans son *Histoire de la Perse*, comme aussi la plupart des exégètes catholiques n'ont pas hésité à admettre l'existence et le règne de Darius-le-Mède à Ecbatane en Médie, pendant les deux années qui suivirent la prise de Babylone, de l'an 538 avant l'ère chrétienne jusqu'à sa mort en 536.

7. — Mais le vent d'hostilité qui sévit depuis quelque temps, contre la Bible en général et le livre de Daniel en particulier, a porté un grand nombre d'auteurs modernes à révoquer en doute et même à nier l'existence et le règne de ce prince.

Cette hostilité paraît s'être accrue par la mention de Darius-le-Mède dans la fameuse prophétie des 70 semaines, que l'incrédulité moderne s'efforce de battre en brèche parce qu'elle est l'une des plus belles preuves de la religion chrétienne. De là aussi l'importance de cette question de Darius-le-Mède et la nécessité de rétablir la vérité sur les assertions de la Bible à son sujet.

L'opposition des prétendus savants modernes contre l'existence de Darius-le-Mède a même pris un caractère d'emballement général et de croyance absolue, à tel point que plusieurs auteurs catholiques en ont été ébranlés et ont eu recours, pour concilier les assertions de la Bible avec les négations de la critique moderne, à un expédient vraiment inimaginable : ils identifient le Darius de la Bible avec un général persan de l'armée de Cyrus, nommé Ugbaru, que Cyrus fit gouverneur de Babylone après sa conquête.

8. — MAIS CETTE IDENTIFICATION nous a toujours paru faire une telle violence aux textes formels de la Bible, que nous la croyons vraiment impossible. Aussi nous rangeons-nous absolument au sentiment du savant interprète de Daniel, le R. P. Knabenbauer, membre de la Commission biblique, qui conserve le sens traditionnel et que nous reproduisons ici :

« Quel a été Darius-le-Mède? Parmi les opinions proposées sur ce personnage, celle qui identifie le Darius de Daniel avec Cyaxare II, fils d'Astyage et roi des Mèdes, parait la plus probable et la mieux appuyée. Cette opinion, déjà affirmée par un grand nombre d'anciens auteurs (voir Josèphe, *Antiq.*, x, II, 4; S. Jérôme, in *Dan.*, VIII, Maldonat, Corneille Lapierre, Dom Calmet, etc.), est encore aujourd'hui préférée par un assez grand nombre d'auteurs modernes. (Voir Loch, Brunengo, Berthold, Hengstenberg, Lengerke, Hævernick, Auberlen, Kranichfeld, Kliefoth, Zoeckler, Keil, Seager; voir aussi les *Transactions of the Society of biblical Archæology*, 1878, VI, p. 118, etc.) D'autres la disent au moins très probable et conforme au récit de Daniel.

« D'après la Cyropédie de Xénophon, il y eut un Cyaxare, fils d'Astyage et son successeur dans le royaume de Médie; Xénophon le mentionne fréquemment. Il est vrai que, dans cet ouvrage, tous les détails ne sont nullement exacts. Mais il faut convenir que nombre de faits qui s'y trouvent racontés sont bien arrivés et que ce qui est dit des personnages qu'il fait intervenir dans son récit, notamment des deux Cambyses, d'Astyage, de Crésus, de Gobryas et d'Hystaspe n'a pas été inventé à plaisir. Pourquoi donc faire une exception seulement pour Cyaxare, dont le nom revient si souvent (voir I, 4, 9, 22; III, 3, 13, 20; IV, 5, 8, etc.) surtout lorsque son histoire se trouve intimement liée à celle de Cyrus.

« Il est vrai qu'Hérodote n'en parle pas; mais Gésénius observe avec raison qu'Hérodote a coutume dans les longs récits de son *Histoire* d'omettre les personnages d'une importance secondaire pour ne mentionner que l'un ou l'autre des plus éminents. C'est ce qu'on voit par plusieurs exemples, notamment dans l'histoire de la Babylonie, où il ne parle que de la reine Nitocris, omettant ainsi tous les rois de cette ville jusqu'à Labynète, sans même excepter Nabucadnezar. Aussi nous voyons aujourd'hui par les monuments et les inscriptions récemment découvertes, qu'Hérodote a omis un grand nombre de faits et aussi qu'il s'est trompé très souvent. L'autorité d'Hérodote ne peut donc rien prouver contre celle de Xénophon, lequel déclare raconter des faits qu'il a appris, sur lesquels il se croit bien renseigné.

« D'après le récit de Xénophon, Cyrus fait la guerre aux Babyloniens en qualité de général de Cyaxare. Après la conquête, il offre des présents à Cyaxare et lui fait savoir qu'il lui a réservé à Babylone, un palais digne de la majesté royale, dans le cas où il voudrait y transférer sa résidence.

« D'où il suit que, d'après Xénophon, Cyaxare a seulement reçu l'empire chaldéen vaincu par Cyrus, comme Daniel l'affirme pour Darius-le-Mède. Il est dit que Darius, ayant alors soixante-deux ans (en l'an 538), était un peu plus âgé que Cyrus (VI, 1, 6). Celui-ci en effet n'avait alors que soixante ans, puisque l'on sait d'ailleurs qu'il en avait soixante-dix à sa mort en l'an 529. Xénophon s'accorde ainsi avec ce que l'on sait soit sur l'âge de Cyrus, soit sur le caractère de Cyaxare, prince paresseux et voluptueux qui devait bientôt mourir, sans avoir de fils pour lui succéder (VIII, 5, 19). »

Le savant exégète a même oublié ici de remarquer une circonstance très importante qui milite en faveur de son opinion, savoir que d'après Josèphe et Xénophon, Darius-le-Mède régnait à Ecbatane en Médie et qu'il a laissé Cyrus régner à Babylone, ce qui supprime la grande objection de ceux qui nient l'existence et le règne de Darius-le-Mède, sous prétexte que le canon des rois, dressé par Ptolémée, a omis son nom dans la liste des rois de Babylone.

§ II

ERREUR CONSÉCUTIVE ET FAUSSE OBJECTION DES CRITIQUES MODERNES

1. — Une hypothèse erronée, et contre laquelle il convient de protester, est celle qui consiste à supposer que, *selon la Bible*, Darius-le-Mède a régné à *Babylone* après la prise de cette ville.

La Bible, en disant (*Daniel*, VIII), que *Darius-le-Mède a régné* sur les Chaldéens, après la prise de Babylone par Cyrus, *ne dit nulle part que Darius-le-Mède a régné à Babylone.*

Tout au contraire, l'historien Josèphe et Xénophon s'accordent à déclarer, à plusieurs reprises, que, même après la prise de Babylone, Darius-le-Mède, autrement Cyaxare II, *a continué de régner à Ecbatane*, et ces deux auteurs ne laissent supposer *nulle part* qu'il soit jamais venu à Babylone, malgré les invitations qu'il en reçut de Cyrus.

D'après ces deux historiens qui doivent faire autorité dans la question, il est bien évident que Cyrus, déjà proclamé roi par ses troupes après ses premières conquêtes (*Cyrop.*, l. V, ch. 1), eut *seul* le titre de roi de Babylone, après la prise de cette ville.

2. — ON NE SAURAIT TROP S'ÉLEVER contre cette erreur dans laquelle sont tombés la plupart des critiques modernes, *sans excepter le très savant exégète le R. P. Knabenbauer.*

En commettant une pareille erreur, dont elle est seule responsable, la critique moderne *s'est créé une objection insoluble* contre la véracité de la Bible et des historiens au sujet de Darius-le-Mède.

Cette objection ne repose que sur l'emballement et la facilité inouïe avec lesquels les esprits modernes sont portés à voir des erreurs dans la Bible.

3. — DARIUS n'ayant jamais demeuré à Babylone, on s'explique parfaitement que son nom ne figure pas sur la liste des rois de cette ville, dans le Canon de Ptolémée ni dans les inscriptions cunéiformes retrouvées dans les ruines de Babylone.

De plus, même à Ecbatane, Darius-le-Mède n'eut qu'un règne éphémère de deux ans après la prise de Babylone. Ce prince indolent et sans caractère ne laissa qu'un souvenir effacé, à côté de son neveu Cyrus, son gendre et son successeur. Enfin il a pu aussi être confondu très facilement, dans les légendes de ce temps, avec son aïeul homonyme, le grand roi de Médie, Cyaxare Ier qui détruisit Ninive. Dans tous les cas on comprend parfaitement qu'il n'a pas dû laisser de traces à Babylone, puisqu'il régnait à Ecbatane.

§ III

VARIATIONS DES AUTEURS MODERNES

1. — SUIVANT L'OPINION qui nous paraît certaine, Darius-le-Mède ou Cyaxare II, né vers l'an 601 av. l'ère chrétienne, paraît

avoir occupé le trône de son père Astyage (mort ou déposé par les Mèdes), depuis l'an 560 avant l'ère chrétienne jusqu'à l'an 536, grâce à son alliance intime avec Cyrus son neveu, fils de Cambyse Ier, roi des Perses.

Peu après l'an 560, Cyrus, déjà connu par sa valeur et ses succès, fut envoyé par son père avec une petite armée au secours de Cyaxare II, attaqué par le roi de Babylone. Il reçut alors de Cyaxare le commandement général des troupes médiques. C'est en cette qualité de généralissime des troupes médo-perses qu'il dirigea la guerre contre les Babyloniens et les Lydiens coalisés. Par ses victoires et ses conquêtes il acquit bientôt une renommée immense qui fit oublier les deux rois Cambyse Ier son père et Cyaxare II son oncle.

L'histoire de ce dernier est dès lors tellement mêlée à celle de Cyrus, que c'est seulement dans l'histoire de celui-ci que l'on trouve les documents concernant Cyaxare II et ce sont ces documents dont nous allons examiner ici la valeur historique.

2. — L'AUTEUR LE PLUS RÉCENT et qui parait le plus compétent sur l'histoire des Perses, Louis Dubeux, donne ainsi son opinion sur ces documents.

« Les auteurs originaux qui ont écrit la vie de ce prince « (Cyrus), Hérodote, Ctésias et Xénophon, diffèrent souvent « dans leurs récits et on tenterait en vain de les concilier. « Hérodote nous explique la cause de cette contradiction en « nous apprenant que, de son temps, il existait quatre tradi- « tions différentes sur Cyrus. Nous pouvons donc admettre que « les trois auteurs ont écrit avec une égale bonne foi. Il s'agit « seulement de savoir quel est celui qui a montré le plus de « discernement dans le choix des traditions. Or il est facile de « voir que, dans son récit, Xénophon est infiniment plus « simple et plus éloigné du merveilleux qu'Hérodote et Cté- « sias, et que les actions et les paroles qu'il prête à son héros « conviennent parfaitement au caractère qu'on doit lui suppo- « ser à n'en juger que par la vraisemblance. Mais une preuve « tout à fait décisive en faveur de Xénophon, c'est l'accord « admirable qui existe entre son livre et ce que l'Ecriture (la « Bible) nous apprend touchant Cyrus. » (Louis Dubeux, PERSE, dans la collection de l'*Univers illustré*, p. 58, 1841, édit. in-8° chez Firmin-Didot, Paris.)

3. — Ce qui était une preuve décisive pour Louis Dubeux au temps où il écrivait (1841), est devenu plus tard, avec le courant d'hostilité qui a tourné certains esprits contre la Bible, une raison de conclure dans un sens absolument contraire. Le livre de Daniel affirmant le règne de Darius-le-Mède, les néocritiques nient ce règne et pour cela ils mettent en avant les trois arguments suivants :

1° Ils allèguent le témoignage d'Hérodote qui n'en parle pas et même qui suppose que Cyrus a succédé immédiatement à son aïeul, Astyage, sur le trône de Médie.

2° Ils traitent de roman le témoignage de Xénophon dans la Cyropédie et ils le rejettent absolument.

3° Ils allèguent enfin le témoignage d'une inscription cunéiforme découverte à Babylone en 1874, et comme elle ne parle pas de Darius le Mède, ils lui font dire ce qu'elle ne dit pas.

Quant aux récits de Ctésias sur Cyrus, mentionnés pour mémoire par Dubeux, ils ont paru tellement fabuleux et fantaisistes qu'ils ont toujours été rejetés par la critique historique. Ils sont du reste très incomplets et ils omettent même de parler de la prise de Babylone par Cyrus.

Les variations des auteurs modernes obligent donc les critiques sérieux qui cherchent la vérité, à revoir les sources historiques relatives à l'histoire de Cyrus et de Cyaxare II.

§ IV

EXAMEN DES SOURCES HISTORIQUES

Valeur du témoignage d'Hérodote dans la question

1. — On sait qu'Hérodote (né en 484, mort en 407 avant l'ère chrétienne) est le premier des historiens profanes qui a écrit l'histoire générale des peuples connus de son temps.

Mais dans ce cadre immense, l'auteur ne pouvant connaître exactement les *origines* des peuples étrangers, a trop souvent comblé cette lacune, surtout dans le premier livre de ses histoires, par des légendes puériles et invraisemblables.

Il est naturellement plus sûr et plus digne de foi, lorsqu'il raconte des faits moins éloignés de son temps et de son pays, notamment les guerres presque contemporaines pour lui de Darius et de Xerxès.

Hérodote dit peu de choses sur l'histoire de l'empire babylonien avant Cyrus. Il paraît avoir ignoré cette longue série de rois dont l'astronome historien Ptolémée nous a laissé la liste dans son CANON DES ROIS depuis l'ère de Nabonassar en 747. Il ne dit rien même des plus célèbres, rien de Nabonassar, rien de Nabopolassar, rien de Nabuchodonosor. Mais il parle assez longuement d'une reine Nitocris qu'il est seul à mentionner.

Hérodote a-t-il été plus complet dans son résumé de l'histoire des Mèdes et faut-il nier l'existence de Darius-le-Mède parce qu'il fait succéder immédiatement Cyrus à son aïeul Astyage?

Nous croyons que le silence d'Hérodote sur ce prince est un argument de peu de valeur comme sur tant d'autres faits méconnus de lui, puisque nous avons des témoignages sérieux pour attester le règne du prince oublié.

2. — QUANT A L'HISTOIRE DE CYRUS, parallèle à celle de Darius-le-Mède ou Cyaxare II, Hérodote commence par dire (l. Ier, p. 95) qu'il connaît trois légendes sur Cyrus et qu'il a choisi celle qu'on lui a dit être la plus conforme à la vérité. Mais il est aisé de voir qu'il a préféré celle qui lui a paru la plus conforme à son amour du merveilleux et à ses rancunes nationales contre Cyrus, car il ne semble pas lui avoir pardonné d'avoir assujetti les Grecs d'Asie, ses concitoyens, et la ville d'Halicarnasse, sa patrie (1).

Suivant Hérodote (l. Ier, p. 107-130), le roi des Mèdes, Astyage, jaloux de sa fille, Mandane, lui fait épouser, non un Mède, mais un Perse d'une condition inférieure. Il la rappelle ensuite auprès de lui en Médie, lorsqu'elle est devenue enceinte, et il l'environne de gardes afin de faire périr son enfant aussitôt après sa naissance.

Il le veut ainsi parce qu'il a vu en songe que Mandane inondait de son urine l'Asie entière et encore parce qu'il a rêvé de nouveau qu'elle donnait naissance à une vigne qui couvrait toutes les provinces de ses rameaux. Après la naissance de Cyrus, Astyage charge son intendant nommé Harpage de le

(1) La partialité d'Hérodote comme historien est telle, que Plutarque, bon juge en cette matière, a composé un traité intitulé : *La Malignité d'Hérodote*. Un autre auteur, Harpocration, a même écrit un livre, perdu depuis, dont le titre parle assez haut par lui seul : *Les Mensonges d'Hérodote*.

mettre à mort. Mais celui-ci substitue à Cyrus le cadavre d'un autre enfant. A la suite d'incidents tout aussi romanesques, Astyage découvre la supercherie d'Harpage; furieux il s'empare du fils de ce dernier, le fait tuer, mettre en morceaux et manger par son père inconscient auquel il découvre ensuite toute l'horreur de cet affreux festin. Quant à Cyrus il le renvoie avec honneur dans le pays des Perses à ses parents et l'on répand le bruit que Cyrus enfant a été nourri par une chienne. Plus tard, à la suite d'autres incidents tout aussi peu vraisemblables, Cyrus se met à la tête d'une troupe de Perses qu'il conduit en Médie et là il s'unit à des Mèdes révoltés pour faire la guerre à Astyage, prince cruel et dissolu. Astyage charge le même intendant Harpage de le défendre contre Cyrus; mais Harpage, qui n'a pas oublié l'horrible festin, trahit son roi et après l'avoir outragé le livre à Cyrus qui lui laisse la vie tout en le privant de son royaume.

Suivent, entremêlés de circonstances merveilleuses, les récits des victoires de Cyrus sur les Lydiens et les Babyloniens.

3.— Dans tous ces récits, il n'est pas question de Cyaxare II et c'est ce silence d'Hérodote que l'on regarde comme une preuve contre l'existence de ce prince.

Pour ce qui est de la mort de Cyrus, Hérodote le fait périr dans une guerre contre les Massagètes. Mais il ne paraît pas plus certain de cette fin que du commencement de Cyrus, car il termine en disant : « De toutes les manières dont on rapporte la fin de Cyrus, celle-ci est selon moi la plus croyable. » (*Ibid.*, l. Ier, 214).

En éliminant les légendes fantaisistes et invraisemblables qui émaillent les récits d'Hérodote, on retrouve cependant dans ces récits les principaux faits historiques de la vie de Cyrus : les guerres contre les Lydiens et les Babyloniens, la prise de Babylone, etc..., tels que nous les indiquerons plus loin.

Hérodote fait le plus grand éloge des mœurs patriarcales et austères des Perses : ce peuple avait la plus grande horreur pour le mensonge; sa religion fut longtemps simple et sans idoles, etc. (*Hérodote*, l. Ier, ch. 131-139.)

Le caractère moral de Cyrus dut s'en ressentir.

§ V

VALEUR DU TÉMOIGNAGE DE XÉNOPHON

1.—Xénophon, né en l'an 445 avant l'È.C., 84 ans seulement après la mort de Cyrus, occupe un rang des plus éminents parmi les écrivains grecs. Disciple de Socrate, sa renommée égale celle de Platon pour la philosophie et celle de Thucydides pour l'histoire. C'est même à Xénophon que Thucydides confia le soin de publier ses œuvres après sa mort. Xénophon les publia, et en donna la suite dans ses *Helléniques* ou histoire des Grecs. Il continua ainsi Thucydides, comme celui-ci avait continué Hérodote.

Xénophon avait 44 ans, il avait déjà composé les premiers livres de ses *Helléniques*, lorsque, désireux de s'instruire davantage, il se rendit à Sardes, auprès de Cyrus-le-Jeune, frère et rival du roi de Perse, Artaxerxès II. Ce prince l'honora de son amitié et Xénophon l'accompagna dans son expédition contre le roi, son frère. Le prince ayant péri dans la bataille de Cunaxa, Xénophon qui suivait l'armée, sans en faire partie, fut amené à prendre le commandement des dix mille Grecs, laissés par Cyrus-le-Jeune dans les plaines de la Mésopotamie. On sait comment il fit réussir cette fameuse retraite des dix mille, dont il fut l'historien, après en avoir été le héros.

2. —C'est après son séjour en Asie que Xénophon entreprit d'écrire la *Cyropédie* où il donne l'histoire du grand Cyrus, environ 150 ans après les événements qu'il y raconte. Cet ouvrage est le plus soigné de ses écrits et on prétend que l'auteur l'a revu plusieurs fois pendant les quarante dernières années de sa vie, terminée en l'an 354 avant l'È.C.

L'ouvrage comprend huit livres, où l'auteur donne avec l'histoire des premières années de Cyrus, celle de ses conquêtes jusqu'à sa mort.

3. —Dans le même temps, Xénophon qui avait passé plusieurs années à Sparte, où il vivait, exilé par la jalousie des Athéniens, se trouva porté à écrire la vie du célèbre Agésilas, roi de Sparte, prince contemporain, né en 439, roi en 397, mort en 356 avant l'È.C., deux ans avant son biographe.

Cette biographie conçue dans le même esprit que la Cyropédie est comme celle-ci un vrai panégyrique philosophique du prince spartiate. Elle mériterait tout aussi bien que la Cyropédie d'être traitée de roman ; mais comme le canevas des faits racontés est étranger aux récits de la Bible, elle a toujours échappé aux dénégations systématiques des critiques antichrétiens.

4. — Quant a la Cyropédie, Xénophon paraît avoir prévu les attaques ou les reproches qu'on pourrait un jour lui adresser. Il connaissait certainement les récits d'Hérodote, parallèles aux siens sur Cyrus. Il avait 25 ans, lorsque, en 420, les Athéniens, ses compatriotes, charmés par les lectures d'Hérodote, décernèrent à cet historien une récompense de dix talents. Aussi il semble, dès le premier chapitre de la Cyropédie, avoir voulu justifier la véracité de ses propres écrits, à l'encontre des légendes fantaisistes d'Hérodote, lorsqu'il dit :

« Pénétré d'une juste admiration pour ce héros (Cyrus) j'ai recherché quelle a été son origine, quel a été son caractère et quelle éducation l'a rendu supérieur dans l'art de gouverner les hommes. Je vais donc entreprendre de raconter tout ce que j'en ai appris et ce que je crois bien savoir. » (1)

5. — Entraîné par son admiration pour Cyrus, Xénophon a sans doute embelli les anecdotes qu'il en raconte et amplifié les discours qu'il met dans la bouche de son héros, suivant l'usage des anciens historiens ; mais ces amplifications oratoires n'empêchent nullement que les faits principaux ne soient historiques et réels ; pas plus que les harangues que l'on trouve dans les historiens Tite-Live, Tacite et autres ne prouvent rien contre l'existence des généraux et des guerres dont ces auteurs racontent l'histoire. Pareillement dans le livre de Job, la forme littéraire des discours tenus par Job et ses amis ne saurait être invoquée pour nier l'existence et la maladie de ce saint patriarche.

Les grands éloges donnés par Xénophon à Cyrus ne sauraient pas davantage être un argument contre la véracité de l'historien. L'opinion générale des Perses était alors absolument conforme à ces éloges. Pour eux, Cyrus avait été un prince *incomparable sous tous les rapports; ils le regardaient comme un père, parce qu'il était doux et qu'en toute chose il s'ingéniait pour leur bien-être.*

(1) Ὅσα οὖν καὶ ἐπυθόμεθα καὶ ᾐσθῆσθαι δοκοῦμεν. Xénoph., *Cyrop.*, l. I, ch. I.

C'est Hérodote lui-même qui donne ce témoignage (l. III, 89 et 160).

Le poète Eschyle dans sa tragédie des Perses, représentée en l'an 473 avant l'È. c., fait parler le roi Darius, fils d'Hystaspe en ces termes : « Cyrus, mortel fortuné, il donna la paix à tous ses sujets; il acquit la Lydie et la Phrygie; il subjugua l'Ionie, *toujours favorisé par les Dieux parce qu'il était plein de raison.* » Ce jugement semble être l'écho de cette prophétie d'Isaïe (XLV, 13), suivant laquelle Dieu, après avoir annoncé la mission de Cyrus, disait de lui : « J'ai suscité Cyrus pour la justice et je le dirigerai dans toutes ses voies. » Ainsi parlait la prophétie bien avant Cyrus et Darius.

6. — *Opinion de Platon sur la Cyropédie.*

Platon, contemporain et rival de Xénophon, trouve seulement que la sagesse attribuée à Cyrus était incomplète, en ce que ce prince avait négligé l'éducation de son fils, Cambyse. C'est du reste la seule critique qu'il émet. « Je conjecture, dit Platon (*de Legibus*, l. III), que Cyrus, qui d'ailleurs était un grand général et un ami de sa patrie, n'avait point reçu les principes de la vraie éducation et qu'il ne s'appliqua jamais à l'administration de ses propres affaires. Il me semble qu'ayant été occupé toute sa vie à faire la guerre, il laissa aux femmes le soin d'élever ses enfants. Ainsi, tandis que Cyrus, leur père, acquérait des troupeaux de toutes sortes, même d'hommes et mille autres choses, il ne se doutait pas que ceux auxquels il devait en laisser la conduite ne recevaient pas l'éducation de leur père, celle des Perses. Il souffrit que des femmes et des eunuques élevassent ses enfants à la manière des Mèdes, au sein des plaisirs qu'on prend pour le bonheur. Aussi cette éducation dissolue eut-elle les suites qu'on devait en attendre, etc. »

7. — *Fausse interprétation de Diogène Laerce sur l'opinion de Platon.*

Diogène Laerce, qui écrivait cinq cents ans après Platon (1), parait avoir mal compris ce passage, où il trouve une accusation contre la véracité de Xénophon. Nous citons :

(1) Diogène Laerce est un auteur très peu connu qui a recueilli quelques anecdotes sur les anciens philosophes. Il écrivait au temps de Septime Sévère, vers l'an 200 de l'ère chrétienne; il passe pour être souvent partial et dépourvu de toute critique. Le contresens que nous signalons ici en est une preuve parmi beaucoup d'autres.

« Xénophon et Platon paraissent avoir été deux rivaux peu sympathiques l'un à l'autre. C'est cette rivalité qui les porta à traiter les mêmes sujets : *Le Banquet*, *L'Apologie de Socrate* et des *Commentaires* sur la morale. Platon fit un traité sur la *Politique* et Xénophon la *Cyropédie*. Platon dans son traité des Lois a dit que l'éducation de Cyrus était une fiction de Xénophon, et que Cyrus n'avait pas été tel qu'il l'a dépeint. Dans ses mémoires sur Socrate, Platon ne mentionne jamais Xénophon et celui-ci ne parle de Platon que dans le troisième livre de ses *Commentaires*. » (Diog., l. III, p. 40.)

Nous avons cité en entier le passage du traité des Lois de Platon, où Diogène a vu une critique de la Cyropédie de Xénophon, pour montrer l'inexactitude de l'appréciation de Diogène. Elle est évidente, car il est facile de constater que le passage de Platon ne porte que sur un seul point, savoir que Cyrus aurait négligé l'éducation de ses fils. On doit même conclure de la rivalité des deux philosophes que si les principaux faits racontés par Xénophon eussent été controuvés, son rival n'aurait pas manqué de lui en faire un reproche autrement sérieux.

8. — *Témoignage d'Aulugelle* (1).

Résumant les récits d'anciens écrivains, Aulugelle, dans ses *Nuits attiques* (liv. XIV, ch. III), raconte que Xénophon ayant lu les deux premiers livres de la *République* de Platon, qui parurent avant que l'ouvrage fût achevé, *entreprit d'écrire sa Cyropédie, pour opposer la Monarchie à l'Etat républicain.*

« Xénophon, dit à ce sujet l'académicien Banier, chercha dans l'histoire des modèles qui pussent faciliter l'exécution de son dessein et, n'ayant point trouvé, dans l'antiquité, de prince plus accompli que Cyrus et, dans son siècle, de roy plus modéré qu'Agésilaüs, il entreprit d'écrire leur histoire, avec la liberté d'y faire entrer toutes les réflexions qui pouvaient le conduire à son but. J'ajoute ces dernières paroles, parce que je ne crois pas, malgré toutes les maximes qu'on trouve dans ces deux ouvrages, que le fond de l'histoire en soit altéré.

« Une seule réflexion devrait décider la question : Croira-t-on en effet que cet auteur eût osé donner à son gré l'histoire d'Agésilaüs, d'un prince connu de toute la Grèce et qui vivait encore,

(1) Aulugelle (en latin Aulus Gellius), écrivait au temps de l'empereur Trajan, vers l'an 110 après J.-C. Juge romain sous les empereurs, ses écrits sont très estimés.

lorsque son histoire fut commencée? Espère-t-on pouvoir mentir impunément à ses contemporains? Tout le monde savait les événements de la vie de ce prince. Xénophon l'a donc écrite suivant les règles de l'histoire et puisqu'elle est remplie de maximes de morale et de politique ainsi que la Cyropédie, *on doit porter le même jugement sur ces deux ouvrages.* » (*Mémoires de l'Acad. des Inscr.*, t. VI, p. 402.)

On retrouve en effet, dans la vie d'Agésilas, les mêmes défauts que l'on reproche généralement à la Cyropédie, savoir les louanges hyperboliques, les amplifications philosophiques et l'absence de dates précises.

9. — Aulugelle, dans le chapitre cité plus haut, confirme la rivalité de Platon et de Xénophon et ajoute que Xénophon ne craignit pas de contredire Platon en affirmant dans ses Commentaires que Socrate n'avait jamais disserté sur les phénomènes célestes ni sur la physique naturelle. Mais alors qu'aurait dit Platon s'il avait pu reprocher à Xénophon des erreurs historiques sur les principaux faits de la Cyropédie?

Dans la Cyropédie comme dans la Vie d'Agésilas, Xénophon tout en suivant l'ordre des temps, ne donne aucune date précise pour établir les synchronismes des événements avec l'histoire générale; la chronologie que Fréret a prétendu déduire du récit ne repose que sur des données hypothétiques qu'il est facile de réfuter et de contredire. (Voir Fréret dans les *Mémoires de l'Acad.*, t. IV, p. 589, et t. VII, p. 458.) Ce défaut de chronologie, étant commun aux deux biographies, ne saurait ainsi infirmer la véracité de Xénophon pas plus pour l'une que pour l'autre.

10. — *Opinion de Cicéron sur la Cyropédie.*

A l'encontre de Platon qui trouvait la sagesse de Cyrus incomplète, Cicéron, 300 ans plus tard, la trouvait trop parfaite pour être réelle :

« *Cyrus ille a Xenophonte non ad historiæ fidem scriptus, sed ad effigiem justi imperii, cujus summa gravitas ab illo philosopho cum singulari comitate jungitur.*

« Le Cyrus de Xénophon est décrit non suivant la fidélité de « l'histoire, mais suivant l'idéal d'un bon chef de gouverne- « ment. Ce philosophe en effet a réuni en Cyrus une souveraine « gravité à une douceur des plus rares. » (Cic., *Ep. ad Quint.*)

Les Romains de la décadence avaient alors peine à croire aux vertus patriarcales des anciens.

11. — *Examen des opinions de Platon et de Cicéron.*

Les deux critiques de Platon et de Cicéron portent uniquement sur le portrait moral de Cyrus : l'un le trouve incomplet et l'autre le trouve trop parfait; elles semblent se contredire et par là même se neutraliser sur ce point.

Il faudrait vraiment déraisonner pour arguer de ces passages de Platon et de Cicéron, portant uniquement sur le portrait moral de Cyrus, pour en conclure que les faits historiques qui forment le canevas de la biographie de Cyrus seraient une fiction et que la *Cyropédie* ne serait qu'un roman inventé de toutes pièces par Xénophon. Celui-ci a certainement voulu écrire, comme *il le déclare lui-même,* une histoire véridique et non un roman fantaisiste.

Les principaux faits qu'il raconte n'ont pu être inventés par lui dans un temps où ce disciple de Socrate aurait pu être si facilement convaincu d'imposture et de mensonge, surtout pendant les trente années qu'il dut passer en exil, condamné par les Athéniens, comme manquant de patriotisme.

D'autre part le récit de Xénophon se trouve confirmé par le prestige singulier exercé par Cyrus sur ses contemporains. Il explique parfaitement comment ce prince qui n'était tout d'abord que chef de la petite peuplade des Perses, inconnue jusque là, a fini par réunir sous son sceptre toutes les nations de l'Asie occidentale.

12. — *Témoignage important de Diodore de Sicile.*

Parmi les auteurs anciens, l'historien Diodore de Sicile est celui qui parait avoir apprécié l'œuvre de Xénophon avec le plus de compétence et d'autorité. Il écrivait au siècle d'Auguste et après avoir composé l'histoire générale du monde connu d'après les anciens historiens, il déclare que : *Hérodote désireux de raconter beaucoup de choses a suivi des opinions sujettes à contradiction; mais Thucidides et* Xénophon ont mérité d'être loués pour leur véracité historique. (Diod., l. I, 37.)

Tel est le jugement le plus sérieux et le plus compétent que nous paraissent mériter les écrits de Xénophon.

§ VI

L'INSCRIPTION DE NABONIDE

1. — CETTE INSCRIPTION trouvée à Babylone et acquise par le British Museum en 1879, parait indiquer comme un fait certain que Cyrus a réellement vaincu son aïeul Astyage, et même pillé Ecbatane. En voici la description, telle que la donne M. Vigouroux. (Voir la *Bible et les découvertes modernes*, t. IV, p. 457.)

« C'est une tablette d'argile crue, de quatre pouces de hauteur sur trois et demi de largeur, portant sur chacune de ses faces deux colonnes d'écriture de vingt à vingt-huit lignes.

La première colonne est tellement délabrée qu'on peut à peine y lire quelques mots dont la signification est incertaine.

A partir de la seconde colonne on lit ce qui suit :

1. Il rassembla (son armée?) et contre Cyrus roi d'Ansan, marcha Is (tu-vegu, *Astyage*), etc...

2. Astyage, son armée se révolta contre lui ; elle (le) fit prisonnier (et) à Cyrus (le livra).

3. Cyrus dans la terre d'Ecbatane, la cité royale, l'argent, l'or, les meubles, les biens (prit).

4. D'Ecbatane il les emporta et à Ansan il les prit, les meubles, les biens (qu'il avait pillés).

5. La septième année, le roi (Nabonide) était dans la ville de Téva; le fils du roi, les officiers et son armée à Accad, etc...

Suivent vingt autres lignes consacrées à relater, année par année, des faits particuliers à Babylone et au roi Nabonide.

Les premières lignes du verso n'offrent aucun sens suivi, jusqu'à la seizième année de Nabonide.

Le texte continue ensuite et les quinze lignes suivantes mentionnent la défaite de Nabonide et l'occupation de Babylone par Cyrus et son lieutenant Ugbaru ; puis la mort de Cyrus, son deuil pendant trois jours, du 27 Adar au 3 Nisan ; et enfin le quatrième jour, Cambyse, fils de Cyrus, fait la fête de son avènement.

Le reste de l'inscription est mutilé et n'offre aucun sens suivi.

L'inscription finit ainsi avec les dernières lignes du verso. »

Suivant toute apparence, cette inscription est l'œuvre d'un Babylonien, sans caractère officiel ; car il se plait à énumérer minutieusement, année par année, les actes du roi de Babylone,

Nabonide, et non pas les actes et les conquêtes de Cyrus, le fondateur de la nouvelle dynastie.

Elle a été gravée au plus tôt sous le règne de Cambyse, et comme ce règne ne dura que sept ans, jusqu'en l'an 522 on peut même retarder sa composition jusqu'en l'an 521, sous Darius Ier, après l'extinction de la dynastie de Cyrus. Il y avait alors à Babylone une réaction contre la nation des Mèdes, à laquelle avait appartenu l'usurpateur Smerdis. C'est aussi l'époque de la naissance de ces légendes contradictoires sur Cyrus qu'Hérodote dit avoir recueillies quelques années plus tard.

L'inscription donne à penser que Babylone a été occupée pacifiquement par Cyrus.

2. — Le lapicide qui l'a composée paraît ignorer complètement les conquêtes de ce prince, notamment la prise de Sardes et la capture du roi Crésus. On peut se demander alors comment il fait une exception pour mentionner la querelle étrangère des Mèdes et des Perses, la défaite du roi des Mèdes Astyage et la prise d'Ecbatane par Cyrus.

Celui-ci a sans doute pu forcer à la soumission Astyage, si ce roi l'avait attaqué. Mais a-t-il réellement détrôné son aïeul, malgré le respect de la paternité proverbial chez les Perses?

A-t-il réellement aussi pillé les trésors d'Ecbatane *avec le concours de l'armée des Mèdes qui l'avaient acclamé?!...* Il faudrait alors supposer que ces trésors furent rapportés bientôt après; car, suivant Hérodote, les trésors de Cyrus et de Cambyse étaient déposés à Ecbatane; et cette assertion d'Hérodote porte sur un état de choses antérieur à l'expédition d'Égypte, en l'an 526, trois ans après la mort de Cyrus.

Pour toutes ces raisons, on peut se demander si le texte de l'inscription a été bien traduit, et si l'identification des noms d'*Istivegu* et d'*Agam-a-Catam* est bien sûre; car Cyrus a vaincu et soumis beaucoup d'autres rois et peuples vers la date indiquée, notamment le roi et la nation des Arméniens, comme nous le raconte Xénophon. (*Cyrop.*, l. III, ch. I.)

Il faut aussi tenir compte de la *partialité* et de l'*exagération* que l'on rencontre souvent dans ces sortes de documents, même dans ceux qui sont officiels.

En réalité, cette inscription n'apporte pas grande lumière sur les principaux faits du règne de Cyrus, tels que la prise de Sardes et même celle de Babylone et elle a grand besoin d'être complétée et confirmée par d'autres documents moins suspects d'ignorance, de partialité ou d'exagération.

3. — Très fiers de la découverte de cette inscription qui mentionne un fait omis par Xénophon, plusieurs critiques, ennemis de la Bible, en ont pris motif pour infirmer le témoignage de l'historien grec et par contre-coup l'affirmation de la Bible relative à Darius-le-Mède, autrement Cyaxare II.

Ils ont fait dire à cette inscription CE QU'ELLE NE DIT PAS.

On doit constater en effet que dans sa partie lisible, l'inscription ne dit absolument rien qui empêche de croire au règne de Cyaxare II si bien attesté par Xénophon.

Bien plus, avec un peu de réflexion sur le temps et les circonstances dans lesquels l'inscription de Nabonide a été composée, on comprend très bien comment l'auteur de l'inscription a pu omettre certains faits et en exagérer d'autres, sans qu'on ait besoin d'expliquer ces omissions par les lacunes matérielles du texte.

4. — Examinons en effet ces circonstances :

Cette inscription finit avec le règne de Cambyse, fils de Cyrus (522), seize ans seulement après la prise de Babylone, elle a donc été composée à l'époque de la réaction violente qui eut lieu alors à Babylone contre la nouvelle suprématie des Perses, suprématie tout récemment imposée par Cyrus en 538 et très ébranlée par les folies de Cambyse et l'usurpation du faux Smerdis de la race des Mèdes (521).

L'histoire nous apprend en effet que Babylone, autrefois capitale de tout l'Orient et maîtresse de toutes les nations voisines sous les règnes de Nabuchodonosor et de ses trois successeurs, n'avait souffert qu'avec une extrême répugnance de se voir dépouillée de ses anciennes prérogatives et réduite au second rang par les rois de Perse qui avaient transféré à Suze le siège de leur empire.

« Les Babyloniens, dit Hérodote (l. III, 150), se révoltèrent, après s'y être préparés de longue main ; car, dès le temps du Mage Smerdis (de la nation des Mèdes) et pendant les troubles qui suivirent, ils avaient pris leurs dispositions pour soutenir un siège et cela sans qu'on s'en aperçût...

« Darius, à cette nouvelle, rassembla toutes ses forces, marcha contre eux, poussa droit à Babylone et assiégea des hommes qui n'en eurent guère souci (516). En effet les Babyloniens (forts de l'immense étendue et des murailles imprenables de leur ville) (1) montaient sur les remparts, y formaient des chœurs de danse et raillaient en chantant Darius et son armée... Déjà *un an et sept mois* s'étaient écoulés; Darius et l'armée désespéraient de prendre la ville en dépit de tous les stratagèmes et de tous les moyens employés; entre autres expédients, on avait essayé celui qui jadis avait réussi au roi Cyrus (2); mais les Babyloniens étaient trop bien sur leurs gardes et ils ne s'y étaient pas laissé prendre. »

Hérodote raconte ensuite comment les Babyloniens furent enfin trompés et trahis par les ruses du fameux Zopyre qui livra la ville à Darius.

Cette prise de Babylone eut lieu en l'an 514, sept ans après l'avènement de Darius, vingt-quatre ans après l'avènement de Cyrus, et la fin du règne de Nabonide (538).

Darius après avoir réduit la ville, EN ABATTIT LES REMPARTS, DÉTRUISIT LES PORTES *et terrorisa les Babyloniens en faisant* EMPALER TROIS MILLE DES HABITANTS LES PLUS COMPROMIS.

A partir de cette époque commença la ruine de Babylone, ruine qui fut bientôt irrémédiable et complète.

5. — L'INSCRIPTION DE NABONIDE trouvée à Babylone a été *certainement composée avant cette époque* (de l'an 521 à l'an 514), *par un Babylonien hostile aux Perses et aux Mèdes*. En effet, il relate minutieusement et avec une complaisance marquée tous les actes du dernier roi chaldéen Nabonide. Il ne dit rien sur la guerre de Cyrus contre les Lydiens.

Il ne cite de ce prince que les faits qu'il ne pouvait dissimuler.

Il omet surtout de dire comment Cyrus s'empara de Babylone.

Or c'est cette inscription, composée par un Babylonien *hostile* aux Mèdes, très mal informé, très partial et très peu sûr, que l'on regarde comme donnant le *dernier mot* de l'histoire sur un fait survenu à Ecbatane trente ans plus tôt (3).

Mais, même, en acceptant la teneur de cette inscription,

(1) Babylone était une ville immense ayant 89 kilomètres de tour, autrement 480 stades. *Hérodote*. l. I, 178.

(2) *Hérodote, ibid.*, l. I, 191.

(3) Hérodote, né en l'an 484 avant l'È. c., n'a pu visiter Babylone que plus de cinquante ans après le commencement de la ruine de cette ville. C'est alors seulement qu'il a pu recueillir, auprès des ennemis de Cyrus, quelques-unes des légendes dont il s'est fait l'écho dans son histoire.

ELLE NE DIT ABSOLUMENT RIEN *de contraire à l'existence et au règne de Darius-le-Mède,* environ trente ans auparavant.

Et il faut, nous le répétons, tout le parti-pris et l'emballement des néocritiques pour y trouver un argument péremptoire contre l'existence réelle et certaine de Darius-le-Mède, telle qu'elle est attestée par l'accord de la Bible avec Xénophon et l'historien Josèphe.

§ VII

L'INSCRIPTION DE CYRUS

1. — UNE INSCRIPTION beaucoup plus importante, plus claire et plus explicite que celle de Nabonide, est celle du cylindre de Cyrus, découvert au printemps de 1879 dans les ruines de Babylone, transporté au British Museum, étudié et traduit par plusieurs assyriologues, notamment par M. Rawlinson dans la *Contempory Review* en 1880; par M. Halévy dans la *Revue des études juives*, septembre 1880; par M. Babelon dans les *Annales de philosophie chrétienne*, janvier 1881.

Il est écrit en caractères babyloniens et en langue assyrienne. Le commencement et la fin manquent en partie. Il reste environ deux tiers des caractères. Le milieu, c'est-à-dire vingt-cinq lignes sur quarante-cinq, n'a presque rien souffert des injures du temps et nous en reproduisons ici la traduction telle qu'elle est donnée par M. Vigouroux d'après les autorités indiquées. (Voir *La Bible et les découvertes modernes*, t. IV, p. 511-512, édition de 1882.) Cyrus y parle à la première personne en ces termes :

« Je suis Cyrus le roi suprême, le grand roi, le roi puissant, roi de Babylone, roi des Sumir et des Accad, roi des quatre régions ; fils de Cambyse le grand roi, roi de la ville d'Ansan ; petit-fils de Cyrus, le grand roi, roi de la ville d'Ansan ; arrière petit-fils de Téispès, le grand roi, roi de la ville d'Ansan. » (Tout ce protocole est une imitation de celui des rois de Babylone et de Ninive.)

« L'ancienne famille royale, dont Bel et Nébo dans la bonté de leur cœur avaient soutenu le gouvernement, disparut quand j'entrai victorieux dans Babylone. Avec joie et allégresse dans le palais royal j'établis le siège de ma souveraineté...

« Plusieurs des rois habitant dans des places fortes qui appartenaient aux diverses races habitant la contrée entre la mer supérieure (la Méditerranée) et la mer inférieure (le Golfe persique) avec les rois de Syrie et les régions inconnues (?) d'au delà m'apportèrent la totalité de leur tribut à Kal-Anna (la partie centrale de Babylone) et embrassèrent mes pieds..... Les dieux qui habitaient parmi eux, à leur place je rétablis et je leur assignai une habitation permanente. Tout leur peuple j'assemblai et je le fis retourner dans leur pays. »

2. — Cette inscription, comme on le voit, confirme des faits importants, notamment l'édit de Cyrus qui mit fin à la captivité des Juifs en leur permettant de retourner à Jérusalem.

Elle confirme implicitement ce que Xénophon affirme d'autre part : savoir que Cyrus avait été proclamé roi au cours de ses conquêtes. C'est ainsi qu'il était devenu roi des Sumir et des Accad.

Il nous semble donc bien évident d'après tout cela que s'il avait réellement conquis et gardé le royaume de Médie, il en aurait pris le titre dans cette inscription et se serait déclaré roi des Mèdes. Il ne se déclare pas même roi d'Ansan, parce que suivant toute apparence, Cambyse Ier, père de Cyrus, vivait encore, lorsque ce dernier était déjà maître de Babylone. Cambyse Ier avait conservé son petit royaume de Perse avec le titre héréditaire de roi d'Ansan.

Cyrus avait même gardé dans son empire, un grand nombre de rois qui lui payaient tribut comme le déclare l'inscription citée plus haut et ceci se trouve confirmé par le passage suivant d'Hérodote (l. III, 15).

« Si Psamménite n'eût pas été soupçonné de former des « complots, il eût été replacé à la tête de l'Egypte comme « administrateur, car les Perses ont coutume d'honorer les fils « de rois. Ils vont jusqu'à leur confier le pouvoir, quoique « leurs pères se soient révoltés contre eux. C'est ce qu'on « pourrait prouver par plusieurs exemples. »

L'historien Xénophon n'affirme donc rien d'invraisemblable lorsqu'il dit que le roi de Perse, Cambyse Ier, et le roi de Médie, Cyaxare II, ont vécu et régné simultanément quelque temps encore après la prise de Babylone par Cyrus.

On voit même dans une inscription relevée par Strassmaier et citée par le R. P. Knabenbauer, que Cambyse Ier, père de Cyrus, est qualifié comme roi de Babylone, concurremment avec Cyrus en la première année qui suivit la prise de Babylone. (Voir Knabenbauer, *in Dan.*, p. 170.)

3. — *Une scission de Cyrus avec le roi des Mèdes.*

Nous avons vu que, suivant Hérodote, le roi des Mèdes Astyage, abandonné de son armée, avait été vaincu et fait prisonnier par Cyrus, son petit-fils, lequel resta ainsi seul maître du royaume de Médie; Hérodote ajoute même ailleurs qu'Astyage n'avait point d'enfant mâle comme Xénophon l'affirme pour Cyaxare. Suivant l'inscription de Nabonide, cette défaite d'Astyage aurait eu lieu vers l'an 550 avant l'È. c., sixième année de Nabonide.

4. — Suivant Xénophon, au contraire, le roi Astyage mourut en paix, laissant le trône à son fils Cyaxare, oncle de Cyrus.

Xénophon raconte toutefois un grave dissentiment survenu entre Cyrus et le roi Cyaxare vers le même temps, 550 avant l'È. c. Les deux princes coalisés ayant remporté une grande victoire sur les Assyriens, Cyrus voulut continuer la guerre, mais Cyaxare, satisfait de cette victoire, s'y refusa; il permit seulement aux soldats de son armée de suivre Cyrus s'ils le voulaient, et ceux-ci, subissant l'ascendant de Cyrus, le suivirent presque tous. C'était plusieurs années avant la prise de Sardes que l'on place en l'an 545. (*Cyrop.*, l. IV, ch. v.)

Cyaxare se voyant abandonné de la plus grande partie de ses troupes en conçut une vive irritation, tandis que Cyrus, devenu seul chef de l'armée médo-perse continuait le cours de ses succès. Après une nouvelle victoire, Cyrus écrivit à Cyaxare une lettre des plus déférentes pour l'apaiser. Une entrevue eut lieu, où Cyaxare après avoir exhalé des plaintes très vives et versé des larmes, accepta les excuses et l'accolade de son neveu. Après cette réconciliation (*Cyrop.*, l. V, ch. v), Cyaxare consentit à rester avec un corps d'armée en observation sur les frontières des Babyloniens pendant que Cyrus conduisait le gros de ses troupes en Lydie contre le roi Crésus et plus tard contre les Babyloniens. Cyaxare coopéra ainsi à la prise de Babylone et à la victoire finale.

Serait-ce ce dissentiment de Cyrus avec le roi des Mèdes qui aurait été interprété par les Babyloniens comme une guerre véritable vers le même temps?

§ VIII

RÉSUMÉ COMPARATIF DES RÉCITS D'HÉRODOTE ET DE XÉNOPHON

1. — Hérodote narre à peu près de la même manière que Xénophon la défaite de Crésus et la prise de Sardes.

Les deux historiens s'accordent avec le livre de Daniel pour raconter comment Babylone fut prise au milieu d'une nuit, où les Babyloniens en fête se livraient à la débauche.

Mais si l'on compare les détails dont les deux écrivains accompagnent leurs récits, on constate qu'Hérodote entremêle les siens de circonstances merveilleuses, puériles et invraisemblables, tandis que dans Xénophon tout est simple, naturel et paraît conforme à la vérité historique.

Cet examen de la véracité des deux historiens nous montre l'injustice de certains critiques qui, se fondant sur ce que Xénophon aurait omis de mentionner la défaite d'Astyage vaincu par Cyrus, en ont conclu aussitôt que toute la Cyropédie de Xénophon n'était qu'un roman et que les récits d'Hérodote sur Cyrus étaient les seuls que l'histoire puisse admettre. Comme Hérodote s'est évidemment trompé sur les faits les plus importants de l'histoire de Cyrus, c'est le jugement contraire qui nous paraît le plus rationnel.

2. — Les compilateurs qui, postérieurement à l'ère chrétienne, ont résumé l'histoire ancienne, ont parfois suivi aveuglément Hérodote qui leur donnait des récits continus sur la série des faits historiques.

Toutefois, Diodore de Sicile, le premier et le plus important des anciens historiens, celui qui, durant le siècle d'Auguste, a le mieux reproduit toute l'histoire des anciens peuples, résume ainsi son jugement : « *Hérodote désireux de raconter beaucoup de choses a suivi des opinions sujettes à contradiction, mais Thucydides et Xénophon ont mérité d'être loués pour leur véracité historique.* » (*Diod.*, l. I, 37.)

3. — Plus récemment, les principaux auteurs modernes qui ont écrit l'histoire de Cyrus et des Perses n'ont pas hésité à adopter le récit de Xénophon et à déclarer qu'il était infiniment plus digne de foi que celui d'Hérodote.

Tel est le sentiment du célèbre Rollin dans son *Histoire ancienne* (t. I, p. 393-487). Le savant recteur de l'Université a longuement motivé et fortement exprimé ce sentiment dans cet ouvrage admiré de tous les savants du XVIIIe siècle.

C'est aussi le sentiment également très bien motivé de Louis Dubeux dans son *Histoire de Perse* (voir *Univers pittoresque, Asie*, t. II, p. 61-88), publiée en 1841.

4. — Après la prise de Babylone par Cyrus, la nation des Mèdes continua d'être regardée comme une nation dominante et victorieuse. La renommée des Mèdes paraît avoir primé même alors celle des Perses, à tel point que, longtemps après, les guerres des successeurs de Cyrus contre les Grecs sont encore appelées *les guerres médiques* et leur armée *l'armée des Mèdes.*

Si les Mèdes ont ainsi conservé leur nationalité et leur autonomie, ils ne pouvaient avoir qu'un gouvernement monarchique et leur roi a dû être celui que Xénophon nous montre régnant à Ecbatane sous le nom de Cyaxare II, l'oncle de Cyrus.

§ IX

CONCLUSION : DARIUS OU CYAXARE II, ROI DES MÈDES

1. — Il semble en effet moralement impossible de nier ce règne de Cyaxare II, devant les témoignages multipliés de Xénophon. Les récits, où le nom de ce prince est mêlé, remplissent plus de la moitié des huit livres de la Cyropédie, et lorsqu'un auteur, tel que Xénophon, nous assure qu'il a pris soin de se bien renseigner et qu'il est sûr des faits qu'il raconte, il est impossible de supposer qu'il a inventé de toutes pièces un règne sur lequel il revient aussi souvent dans son histoire.

2. — La coopération d'un roi des Mèdes, dans la conquête de Babylone, se trouve encore affirmée dans le passage suivant de Mégasthènes (1).

Suivant les Chaldéens, Nabuchodonosor, sur le point de mourir, aurait, dans une inspiration prophétique, annoncé la ruine prochaine de Babylone : « O Babyloniens, je prévois pour vous

(1) Mégasthènes a écrit, vers l'an 293 avant l'È. c., une histoire des Indes dont il ne reste que des fragments. Celui que nous citons a été recueilli par Eusèbe dans sa *Préparation évang.*, l. IX, 51, voir *Patrol. grecque*, t. XXI, col. 761.

une calamité imminente, que ni Bélus, l'auteur de ma dynastie, ni la reine Beltis ne pourront empêcher d'être amenée par le Destin. Un mulet de Perse viendra, qui aidé par vos dieux eux-mêmes, vous réduira en servitude, et en cela il aura pour allié un Mède, l'orgueil des Assyriens. »

Ce n'est là probablement qu'une prédiction rapportée après coup. Mais, si elle n'eût pas été conforme à la réalité, l'historien se serait gardé de la citer.

3. — Dans tout cet exposé, nous avons fait abstraction des témoignages de la Bible et cependant, même au point de vue purement humain, *ils ont la plus grande valeur, une valeur qu'on ne saurait détruire.*

L'identification de Darius-le-Mède avec le général persan Ugbaru, *ne s'accorde pas* avec les textes de la Bible, et, selon nous, il est impossible d'expliquer ces textes d'une manière *satisfaisante, sans admettre le règne de Darius-le-Mède ou Cyaxare II à Ecbatane.*

4. — En résumé, *Xénophon s'accorde avec la Bible* sur la mission réparatrice de Cyrus, sur la prise de Babylone et le meurtre de son dernier roi au milieu d'une nuit d'orgie, sur le partage du royaume chaldéen entre les Mèdes et les Perses, sur l'existence de Darius-le-Mède à Ecbatane après la prise de Babylone, pendant le court espace des deux années qui suivirent, comme aussi sur le caractère indolent de ce prince.

Un tel accord confirme admirablement la vérité des faits.

5. — Les écrivains rationalistes s'efforcent généralement de nier l'autorité historique de Xénophon en répétant à satiété que la Cyropédie est un roman; mais il semble bien que, pour plusieurs d'entre eux, leur critique mal établie n'a d'autre but que de mieux ruiner la confirmation que Xénophon apporte aux assertions de la Bible; aussi leur tendance, mal dissimulée sur ce point, ne fait que nous affermir dans le sentiment opposé que nous croyons parfaitement et absolument conforme à la vérité historique.

CHRISTO GLORIA

SENS. — IMP. LEVÉ, RUE DE LA BERTAUCHE, 1.

OUVRAGES DU MÊME AUTEUR

Librairie GAUTHIER VILLARS,
Quai des Grands-Augustins, 55, Paris.

Étude sur l'unification du calendrier et la véritable échéance de Pâques. (Ouvrage inséré dans les *Annales du Bureau des Longitudes*, tome VIII). Brochure in-4°. — Prix. . . . . 2 fr. 50

Librairie Haton,
Rue Bonaparte, 33, Paris.

La Connaissance des Temps évangéliques (*épuisé*). — Prix . . . . 6 fr.

Notice sur le Calendrier pascal des Juifs et des Chrétiens. 1 vol. in-8°. — Prix. . . . . 2 fr.

L'Apostolat de saint Savinien. 1 vol. in-8°. — Prix. . . . . 3 fr.

Sens, histoire et description. 1 vol. in-12. — Prix . . . . 1 fr. 50

La Commune de Pourrain pendant la Révolution. 1 vol. in-12. — Prix. . . . . 1 fr.

Les Évidences des Vérités chrétiennes. 1 vol. in-12. — Prix. . . . . 1 fr.

Les 70 semaines de la Prophétie de Daniel, nouvelle édition. 1 vol. in-8°. — Prix. . . . . . . 2 fr.

La Réforme du Calendrier Julien chez les Gréco-Russes en 1901, Rome. — Prix . . 1 fr.

La dernière Pâque de Notre-Seigneur Jésus-Christ, Mémoires, Rome 1902. — Prix . . 1 fr.

L'Apocalypse avec son interprétation, 2e édition. — Prix. . . . . 3 fr.

Les Prophéties messianiques de Daniel. — Prix. . . . . 1 fr.

Le Calendrier hébraïque avant la ruine de Jérusalem, édition 1907. — Prix. . . . . . . 1 fr.

Sens. — Imp. Lavé, rue de la Bertauche, 1.

www.ingramcontent.com/pod-product-compliance
Ingram Content Group UK Ltd.
Pitfield, Milton Keynes, MK11 3LW, UK
UKHW021213230726
13926UKWH00001B/485

9 782014 467956